JN437506

붉은 장미

배문사

붉은 장미

박신자 지음

저자의 생전 모습

저자의 마지막 수업장면(1999. 6)

저자의 운명 보름전 부부와 함께 호스피스실(805호)
에서 주머니에 그린 습작 (2018. 3. 9)

머리글

2018년 봄, 사랑하는 아내를 하늘 나라로 보내면서 제 인생 팔순의 삶에 만감이 교차합니다. 책의 지은이인 제 아내는 평생을 교사로 헌신한 교육자였습니다.

그 누구에게도 예외 없이 맞이하는 자연섭리의 생로병사이지만, 전 이제 사랑하는 아내에게 큰 빚을 지고 살게 되었습니다. 잠시 회고해 보니 너무 안일했던 제 삶에 대한 자책을 지울 수가 없습니다. 이제 후회한들 소용이 없겠지마는, 고해성사를 하는 심정으로 참회하고 속죄하며 아내에게 용서를 빌어 봅니다.

아내의 유품 등을 정리하던 중 시와 수필 형식으로 된 미완의 노트를 만나게 되어 우리 가족에게는 뜻밖의 큰 선물이 되었습니다.

그 중, 혹독한 투병생활속에서도 의연하던 삶, 그대로 이어지는 아내의 마음 쓰기를 보며, 너무 아프고도 소중한 그 모습과 마주하는 듯합니다.

이제 이 글들을 모아 한 권의 책으로 엮어 추모 일주년을 맞아 아내의 영전에 고하고, 또한 그동안 아낌없는 위로를 나누어 주신 친지와 지인들에게도 머리 숙여 깊은 감사의 마음을 전하고 싶습니다.

2019년 3월

남편이 쓰다

차 례

제1장 자 연

제2장 신 앙

제3장 나라 사랑

제4장 옛 추억

제5장 기 타

〈어머니께 바치는 글〉

〈평설〉

제 1 장

자 연

봄! 봄!

봄은 물어 보지요
겨우내 모든 생명 품어 버린 대지
이제는 새싹 파릇파릇 쏘옥 돋게 할 수 있겠느냐고
봄은 물어 보지요
겨우내 헐벗은 앙상한 가지
이제는 연초록 싹, 망울망울 틔울 수 있겠느냐고

봄은 물어 보지요
겨우내 눈이불 덮어 쓴 산과 들
이제는 온갖 꽃 예쁘게 피울 수 있겠느냐고

봄은 물어 보지요
겨우내 꽁꽁 얼어붙은 시냇물
이제 졸졸 노래 부르며 모든 생명 목 축일 수 있겠느냐고

이제는 봄이 말합니다
따스한 햇살품으로 살랑살랑 불어오는 봄바람에게
가서 노란 개나리꽃 활짝 피워 보라고
가서 진분홍 진달래꽃 수줍게 피워 보라고
가서 화사한 벚꽃 만발하게
복사꽃, 살구꽃 살포시 고개 들어 피워 보라고
아지랑이 잠 깨우고
나풀나풀 나비춤 추게 하라고
우리 아가 아장아장 걸어 나와
어여쁜 봄처녀 모셔오라고
봄이 말합니다.

3월의 눈꽃

3월도 이제는 끝자락의 날
가고 싶지 않다고
떠나기 싫다고
매서웠던 한올 생명의 몸부림인양
봄꽃 시샘하는 찬바람과 함께
밤새워 쏟아 부은 하얀 눈
물오른 나뭇가지 새하얀 눈꽃
아름답게 아름답게 꽃 피웠네

오늘은 겨울과 봄이 함께하는 시간
소멸과 생명이
파아란 하늘의 절묘한 어울림 속에
한 폭의 동양화 그려놓고
차마 돌리기 싫은 발걸음 재촉하려고

이렇게
따스한 햇볕 속
눈꽃송이
슬그머니
서 있던 자리 비켜
다시 올 날 생각하며
소리 없이 사라지고 있습니다
3월의 봄볕 속에 숨어 있던 겨울이
떠나려나 봅니다.

찔레꽃

해마다 이맘때쯤
숲길
짙푸른 잎 사이 사이
수줍은 듯 하얀 미소
웃음 함빡 머금고

한가운데 그 속
금실 수놓은 예쁜 꽃술 달고
살랑살랑 바람에 태워
너의 향, 황홀한 향기
온 천지에 실려 보내

여기저기 아!
향기롭다
숨 막히고 외롭고
답답한 삶 속에서

영혼을 흔드는
짙은 향기 맡으며
깨어나서 힘내 보라고

모진 추위, 모진 바람 모두 이겨내
향긋한 내음 만들었다고
수줍은 미소 띄우다가
활짝 웃어 보는군요.

벚꽃

화사한 봄볕
눈부시게 쏟아지는 날
터질 듯 수줍은 미소 머금고
반쯤 내밀다
한참 망설이다
연분홍 물든 얼굴
배시시 웃더니
이제는 활짝 웃어 버렸네

여기저기 피었네
화알짝 화알짝
온 천지 예뻐졌네
환해졌네

그윽한 향기
바람에 실려
멀리 퍼져
벌나비떼 부르고
사람들도 부르네

이제는
파란 잎 돋게 해
예쁜 열매 맺게 해 주자
우리는 이제
더 이상 머무르지 말자고
소곤소곤 한 잎 두 잎
흰 눈으로 떨어지네
꽃보라 눈물처럼 날리네.

뒷산

조그마한 산 아주 작은 산
걷기 좋은 오솔길
새들의 놀이터
예쁜 들꽃이 모여 사는 동네

봄엔
물오른 가지마다 망울망울
연초록 싹 틔우고
봄 내음 물씬 내뿜지요

여름엔
짙푸른 나뭇잎 가득 채워
녹색 터널 만들어
더위에 지친 몸 식혀 주고요

가을엔
나무마다 예쁜 단풍 가득
하나 둘 떨어뜨려
비단길 만들어 걷게 하지요

겨울엔
앙상한 가지만 가득남아
서릿발 북풍에
서럽게 울어대다
어느 새 동네 가까이로 다가앉습니다.

작은 꽃밭

아파트 베란다
작은 꽃밭
철쭉, 군자란, 동백
시크라멘트, 제라늄
서양란, 동양란
한 가득
봄이면
더 화사한 꽃밭
예쁘다 참 곱다

동백과 시크라멘트
제라늄, 서양란은
겨우내 쉴 줄 모르고
피어 주었지

유난히도 긴 겨울
추위도 이기고
끈질긴 생명력
강인한 생명력으로

겨우내 쉴 줄 모르고
한 가득 피어 주었지

사랑스런 꽃밭.

봄비

봄비가 내립니다
사락사락
목 마른 대지
흠뻑 적셔 주려고

나뭇가지 매달린 싹
진달래, 개나리
머금은 꽃망울 터트리고
쏘옥 쏘옥
새싹 돋아나게 하려고

어머니
사랑 쏟으며
나즈막이 말합니다

애들아
일어나
깨어나 봐
소곤소곤
속삭이면서
봄비는 종일 내립니다.

민들레

길가 양지바른 곳
고운 노란 옷 차려입고
민들레
한 송이 피었습니다

살랑살랑
불어오는 봄바람에
세수하고 단장하며
상큼한 얼굴 예쁘게 내밀며
날 보고 방긋방긋
해님 보고 방실방실
활짝 활짝 웃었습니다

모진 추위
견디고 찾아왔다고
추운 겨울
이기고 찾아왔다고
반갑다고
방실방실 노랑 웃음
함빡 터트렸습니다.

목련화

당당하고 기상 넘친
곧은 나무, 씩씩한 나무
바로 목련꽃이 찾아올
목련의 집

잔가지
그 끝자락에 도톰하고
불쑥한 탐스런 봉오리들
새하얀 봉꽃잎
살며시 드러낸 채
모두 한 곳 바라보네
한쪽으로 향했네
고개 내민 쪽은
북쪽 하늘

이상하다
밝은 빛 싫은가 보다
햇빛 찬란한 어느 날
해님 얼굴 피해
쑤욱 커진 봉오리들
수많은 봉오리들

한꺼번에
웃음 터트렸네
아름답고 화려하게
피기 전 떨어질
그날을 준비하는
허무한 짧은 운명이

화려한 꽃
순결한 꽃
찬란한 꽃
4월의 화려한 목련이여
너무 아름다워
슬픈 꽃이여.

달님과 해님

섬마을에 해가 집니다
하루일 다 끝냈다고 나도 좀 쉬어야겠다고
빨갛게 달구어진 얼굴로
아름답게 아름답게
해님은 넘어갑니다

외롭고 힘들다고 야단들입니다
그래서 이제 달님이 찾아옵니다
둥근 얼굴, 환한 얼굴 웃음 가득 띄우고
동무해 주겠다고
친구해 주겠다고
그래서 다시 환해지고 활기 넘칩니다

물결은 넘실거리고
바람은 솔솔
하지만 이제 피곤해서

잠들어야겠다고
섬마을에 해가 집니다

하루일 다 끝냈으니
나도 좀 쉬어야겠다고
빨갛게 달구어진 얼굴로
아름답게 아름답게 넘어갑니다
온 세상이 야단입니다

힘들고 외롭다고
그래서 이제 달님이 찾아옵니다
둥근 얼굴 환한 얼굴 웃음 가득 띄우고
동무해 주겠다고
친구해 주겠다고
그래서 다시 환해지고 활기 넘칩니다

물결은 넘실, 바람은 솔솔
하지만 이제 피곤해서
잠들어야겠다고
모두 새근새근 조용한 시간이 흐릅니다

달님은 누군가를 떠나보낸 허전함, 쓸쓸함 속에서
무지개꿈 꾸어 봅니다
아름답고 고요하고 행복한 세상
계속 보고 싶다고 말입니다.

정다운 한 쌍의 새

후유 숨 차
언니 새소리가 참 아름답네
어느쪽에
저쪽
그래 곱구나 아름답구나

새소리 좇아
가까운 바위에 앉아
소리 나는 곳 쳐다보니
한 마리 귀여운 새

이 가지 저 가지
올랐다 내렸다
고운 노래 불러 주네
우리를 보아도 날아가지 않고
이 가지 저 가지만 옮겨 다니네

더 가까운 곳 바짝 다가가
불러주는 노랫소리
피곤한 몸이 편안해졌네
참 이상해 새들은 인기척에도
놀라 훅 날아가 버리는데

떠나지 않고
목청껏 목청껏 노래 부르네
한참 뒤 어디선가 똑같은 새 한 마리
날아오더니 반갑다는 듯 서로 뱅뱅 돌며
어디론지 정답게 정답게
날아가 버렸네.

아기새

울타리로 둘러싸인 그 너머
마른 풀더미에 산새들의 노래가 있다
산새들의 놀이터가 있다

엄마 품에서 갓 깨어난 아기새들이
재잘재잘 노래 부르며
샛노란 앞가슴 내밀고
우르르 떼지어 노네

날개짓이 귀엽다
날개죽지도 참새의 옷과 다르다
가까이 다가가 구경하려 하는데
조심스런 인기척에 후르르 날다

어디론가 가 버리네 아기새들아
헤치는 일 없단다
그냥 그 자리에서 놀아
너희들 모습 보고 싶단다
한 번도 본 적 없는 아기새들
너무 반갑다
다른 곳 가지 마라
이곳 떠나지 말아라.

봄의 나무들

엊그제만 해도
앙상한 가지들이
볼품없이
휑 뚫린 채 초라해 보였는데

차가운 바람만이
휘이 휘이 스쳐 지났는데
쓸쓸하다고 춥다고
윙윙 소리 쳤는데
오늘은 달랐다

며칠 새 이럴 수가
제법 살이 올랐다
물이 올랐다
둥글둥글 이럴 수가
제법 살이 올랐다

물이 올랐다

둥글둥글 뾰족뾰족
멍울들 멍울멍울 달렸다
풍성해 보인다
탐스러워 보인다
온 세상 품어 줄
푸르름 잉태할 꿈 안고
모진 바람 눈보라 견뎠나 보다
파아란 세상
파아란 꿈
펼치겠다고 아름다운 꿈에
부풀어 있다.

산길

인적 없는 산길
걸어갑니다
조용하고 고즈넉한 산길
호젓한 고독의 향기에 젖어
내 마음
차분히 가라앉히고
예쁜 풀꽃 풀꽃
노래하는 작은 새
맑은 골짜기의 물
자연은 참으로 아름답습니다

누가 만든 것도 아닌데
누가 심은 것도 아닌데
바위와 나무들이
조화롭게 어울리는 풍경들
자연은 참으로 신비롭습니다

복잡한 생각, 걱정
모두 다 내려놓은 채
혼자이지만 외롭지도
쓸쓸하지도 않고
무심의 세계에서
행복 안고
걸어갑니다.

제비꽃 동네

길가 양지바른 풀섶
제비꽃 동네
예쁘고 고운 동네
생겼습니다

땅속 깊은 곳
컴컴하고 어둑해서
무섭다고들
올 봄 기다려
새 삶터 찾아
이사왔습니다

해님의 따스한 입김 받으며
다정한 해님의
마중 받으며

한 집 두 집…
이제는 한 동네 한 가득
새 삶터 닦느라
분주했답니다
해님도 봄비도
봄바람도
힘껏 도왔습니다

새하얀 빛
짙은 보라, 옅은 보라
흰 보라 섞어
만든 문패들
예쁘게 달고
도란도란 얘기 나눕니다
사이좋게
오순도순 살아보자고.

6월의 산

생명의 노래 가득한
6월의 산
잎들은 모두 화알짝
윤기 자르르
눈부신 태양빛 머금고
흥겨운 합창 소리
솨아 솨아 찰랑찰랑
온통 푸르름으로
가득 채웠네

새하얀 꽃잎들
흐드러지게 가지까지
한 가득 탐스럽게 달고
키 큰 나무 별 모양
새하얀 예쁜 꽃
가득 이고 서 있는 나무들

생명의 노래, 새들의 노래
울려 퍼지는 6월의 산

젊은
합창이 울려 퍼지는
아름다운 산
씩씩한 산.

수박

동그랗고 긴 얼굴
큰 얼굴
진 녹색 시원한 옷
깔끔히 입고
멋진 검은 무늬 그려 놓고
보기만 해도 시원시원해

냉장고 들어가
차갑게 몸 식혀
삼복더위에 지친
피곤한 몸들 달래 주려고
기다리고 있다네

땡볕 내려쬐는
숨 막히는 더운 날

식구들 둘러앉아
큰 수박 쫙 갈라
새빨간 속살에
검은 씨 띄엄띄엄 박혀
상큼 깨물어 보면
달콤하고 시원한 물
한 입 가득

달다
시원하다
온 몸에 벤 더위
말끔히 씻어주며
힘내라고
빨갛게 익은 속살 내어 주네
모든 걸 다 내어 주네
여름철 과일 중의 과일 수박.

여름밤

뒤뜰 감나무 아래
시원한 평상 펼쳐 놓고
모깃불 매캐한 연기 속에
식구들 모여앉아
할머니가 들려주시는 옛이야기 듣다 보면
긴 줄 그으며 떨어지는 별똥별 하나

꽁무니에 빨간불 파란불 켜 달고
밤하늘 수놓던 반딧불
춤추며 수놓던 반딧불
신기했습니다
아름다웠습니다

깊어 가는 여름밤
잠자다 눈떠 보면
촘촘히 박혀 있는 별들의 나라

하얀 강물처럼 흐르는 은하수
국자 모양 별 일곱 북두칠성
그 옆에 반짝이는 북극성
어느새 마음은 별나라로
여행 갑니다

저 많은 별들은 어디서 왔을까
동화 속 왕자님, 공주님도 계실까
상상의 날개 펴고
날아갑니다
멀리 멀리 날아가 보지만
그곳은 알 수 없는 아주 먼
아득한 곳이었습니다.

장마

숨차게 달려온 세월
뒤돌아보니 세월도
벌써 반 년이 흘러
삼복 더위의 계절

초복, 중복, 말복 더위 가운데
오늘은 초복
찜통 같은 더위 속에
숨이 꽉 막혀
조금만 움직여도 구슬땀이
송송송

여행길 버스 타고
먼 길 떠났다
창 밖 산과 들 휙휙
뒷걸음치고

큰 마을 작은 마을
그 너머엔
누가 누구들이
무엇을 하고
살아가고 있을까

산등성이
고운 연한 초록 물결
산뜻하고 포근하다
모퉁이길 돌고 돌아
달리다 보니
풀향기 맑은 공기
코 끝에
스쳐간다.

잿빛 구름이 해님을 꼭꼭 숨겨 둡니다

해님 없는 세상은
너무 싫어
너무 답답해

해님! 당당히 나오세요
잿빛 구름 헤치시고
어서 오세요
당신을 애타게 기다리는
우리들이 있잖아요

환한 미소 찬란한 빛
우리 모두가 가득 안고
희망의 노래
사랑의 노래 부를 수 있도록
꼭꼭 숨지 말고
어서 오세요

잿빛 구름이 해님을
꼭꼭 숨겨 둡니다
해님 없는 세상
답답합니다
무겁게 뒤덮인
잿빛 하늘 잿빛 구름이
해님을 꼭꼭 숨겨 둡니다

해님 없는 세상은
너무 싫어 너무 답답해
해님! 당당히 나오세요
잿빛 구름 털고
어서 오세요
당신 숨결 기다리는 모든 생명들
기운 없이 숨죽이고
기다린답니다.

바위꽃병

거무튀튀한 얼굴
큼직한 두 바위
서로 기대인 채
친구처럼, 형제처럼
다정히 서 있네

둘 가운데
개나리 한 가족
심겨 놓았네
웬일일까? 웬일일까?
그 틈새에 그 좁은 틈에
오늘 보니
개나리꽃 활짝
예쁜 얼굴 웃음 가득
화사한 샛노란 개나리

검은 바위꽃병에
가득 꽂혔네
자연이 만들어낸
예쁜 작품
너무 예쁘다
너무 화사하다
너무 잘 어울린다.

청령포

첩첩산중 돌아 돌아
쉼 없이 달려온 머나먼 길
청령포 맑은 물 휘몰아
몰아치는 이곳

어린 임금, 슬픈 임금
이곳에서 지냈다네
부귀영화 뒤로 한 채
울며 울며 인적 끊긴
외로운 이곳 찾아왔다네

답답하고 너무 슬퍼
숱한 많은 날
잡아 주지 못했다는
자규시의 슬픈 한 구절

망향대 높은 곳 올라
떠나온 먼 먼
고향 하늘 바라보며
보고 싶은
그리운 이들
너무 보고파

가슴에 퍼런 멍
피눈물 흘리며
울부짖은 슬픈
소년 임금님
아름다운 임금님이
앉아 놀았다는 한 그루의 소나무

관음송아
관음송아
너는 보았다지
너는 들었다지
어린 임금
한 맺힌 슬픈 사연들

500여 년 세월 지낸
아득한 옛일이지만
왜 이리 슬프고
가슴 찢어지게 아픈가
너무 어렸기 때문에
너무 외로웠을 것 같기에
너무 억울하게 가셨기 때문에
슬퍼 눈물 나고
슬퍼 가슴 아프고

오늘도
청령포는 말없이
그 자리 지키며
슬픈 이야기 품고 있다네.

동강의 합창

민족의 정기 서린
태백의 품 안에서
한 방울 두 방울
수천억 방울방울
물방울들 모여 들어
만났다고 반가워

쏴아아 힘찬 함성 지르며
아득한 멀고 먼 길 어서들 가자고
쏴아 쏴아 힘찬 합창 울리며
힘차게 달려 숨차게 달려
굽이굽이 돌고 돌아
비단길 예쁜 모래톱 만들고
고운 자갈길 어루만져 주며 달리다가

이제는 숨차다고
쉬어들 가자고들
조용조용 가다가
청령포 들려온 친구들에게
어린 임금 한 맺힌
옛날 얘기 들어보자고
소란소란 얘기 나누며
넓은 바다 품으로 나아가자며

갈 길 멀다
갈 길 멀다
또한번 힘찬 함성
냅다 지르며
부지런히 부지런히
달려갑니다.

영월 청풍

높은 산 큰 산
첩첩히 쌓인 산의 나라
산의 고장
산마다 원시림 가득 채워
맑은 공기 쏟아붓는
커다란 산소통

아름다운 동강, 남강, 서강
모두 품어 천하제일
절경들 만들어내고
푸른 숲 가득, 맑은 공기 가득
그래서 영월 청풍

영월 청풍은
영월만의 자부심
영월만의 자랑

그 속에서 살아가는
소박하고 순박한 사람들

자연 닮아 넉넉하고
거짓없고 꾸밈없고
그저 그대로 묵묵히
일한 만큼 내어 주는
자연 닮은 착한 사람들이
자연과 어울려
살아가는 아름다운 고장

그래서 한 번 가 보면
또 가고 싶고
그리워지는
조그마한 착한 이들의 고장
영월 청풍 고장.

동강의 비경, 어라연

동강의 비경
한눈에 보고파
해발 오백삼심육 미터
잣봉이라는 산 오르네

깊고 깊은 산골짝
높은 산 오르고 올라가
산허리 돌아갈 때
저 멀리 들리는
강물의 노랫소리

소리나는 쪽 돌아보니
아름다운 동강이
그림처럼 수려하게
펼쳐 보이네

우거진 원시산림
강가 하얀 모래밭
굽이굽이 돌아가는
고운 강줄기
깎아지른 절벽이
한데 어울린
동강의 백미(白媚)
어라연

화려한 그 자태
바라보이는 곳
물고기 펄쩍 뛰어
오르는 연못이라 이름하여
예쁜 이름 고운 이름
어라연이라 불린다네

절경에 홀리고
비경에 온 몸 떨다
말문 막혀
힘껏 달려온
강물들이 어라연에 다다르자
쉬어 가자 소곤소곤

기암괴석 총총 박아
그 안에 섬 만들어 놓고
두 갈래 물길 나뉘어
그 섬 돌아
또 하나의 물결로 다시 모여
쏴아 쏴아 노래하네

하얀 거품 연신 쏟으며
앞으로 내달리는 물길
아름답다
동강의 비경이여
탄성만 절로 터져 나오네.

축령산 숲길

숲은 우리들의 희망
미래의 생명
지구의 지킴이
전남 장성 축령산 숲길
축축 뻗은 편백숲
수려함 자랑하는 삼나무도
울창하다

숲길은 아름답다 정답다
활기찬 걸음걸이도 좋다
뒷짐진 채 느긋한
걸음걸이도 좋다
여유로이 지난 일
생각하며 걸어도 좋다
희망찬 설계 꾸미며
걸어가도 좋다

좋은 친구, 좋은 짝
옆에 있으면 더욱 좋다

그저 행복하게
걷기만 하면 된다
삼나무 편백에서
풍겨 주는 향으로
우리 모두 보듬어 주는 길
가슴 펴고 걸어보자
숲길 속에서 우리 모두 다
행복했으면

의도하지 않아도
좋은 뜻으로 통하여 큰일 이룬다

기적 같은 큰일 해 내신
인촌 김성수 선생님과
춘원 임정국 씨가
고생한 행복한 숲이란다.

바위섬

거가대교
물 속 수십 미터
쑥 들어가 한참
달리다가
환한 세상 보고파
물 위 다시 올라
달릴 때
넓은 바다 위
아름다운 섬, 섬들

그곳
가까운 곳에
아기 둘 품은
조그만 바위섬 하나
모진 풍상 친구 되어
지내왔다고

수수내내 지낸 흔적
바위 얼굴에 새기고

아기 둘 함께 있어
외롭지 않았다고
찾아오는 철새 있어
외롭지 않았다고
착하게 살아왔네
손짓하며 말하네
손짓하며 부르네

아!
외로워 보였지만
외롭지 않다는
예쁜 바위섬

소나무 그루그루
머리에 이고
푸르름 자랑하는
예쁜 섬 바위섬.

고향집 뒷마당

고향집 뒷마당
언덕배기에
해마다 피어 주는
하얀 찔레꽃

누가 심지도
가꾸지도 않았는데
온통 새하얗게
하얀 꽃동산
만들어 놓지요

화려한 장미보다
백합보다
수수하고 순수한
너의 모습
너무 예뻐

내뿜는 너의 향
향기 짙은 어머니의
사랑 같고
순결한 영혼의
향기 같은

해마다
기다려지는 건
나의 꽃 나의 사랑
다시 보고 싶어
다시 만나고 싶어
향기로운 너의 향 맡고 싶어서.

종고산(여수)

종 모양으로 생겼다고
나라에 큰일 나면
북소리 울려 준다고
종고산이라
이름 붙였다네

전설 같은 할아버지의
옛이야기
지금도 그리워
가슴 뭉클 치미는
고향의 냄새
고향의 향수
묻어나오는 곳 종고산

어릴 때 친구들과 뛰놀던 놀이터
지천으로 온갖 꽃 피워 내고

진달래, 철쭉꽃 활짝 피웠지
아름드리 소나무
솔향 풍겨 내고
이름 모를 예쁜 새들
둥지 틀고 모여 살던
생명의 보금자리
삶의 쉼터

정상에 올라 보면
탁 트인 남해 바다
수정 같은 맑은 물
고깃배 왔다 갔다
장군도, 오동도, 돌산도
그림같이 펼쳐 있네
고향의 풍경
내려다 보이는 종고산.

오동도

내 고향 동쪽 끝
조그마한 예쁜 섬
그림같이 놓여 있네
그 이름 오동도

아득한 수평선 너머
붉은 태양 제일 먼저 맞아 주고
넘실대는 잔물결
사나운 큰 파도 모두 다 보듬어 주고
울부짖는 해풍들
사시사철 괴롭혀도
쓰다듬어 주었네

어버이 넓은 마음 큰 사랑으로
짙푸른 동백숲 노래하는 시누대밭
이름 모를 활엽수도

사계절 내내 한 가득 가득 품어
푸른 숲 가꾸며
동백꽃 화려하게
꽃피웠네

어버이의 어진 마음으로
큰사랑 쏟으며
모든 걸 품어 주고 있다네.

관악산 사계

서울의 남쪽 끝
울타리 되어
어머니의
품속같이 아늑하게 드리운 채
수천 년 긴 세월
그 자리에 우뚝 앉아

봄엔
갖가지 물감 풀어
곱게 칠하고
진달래, 철쭉 활짝 피워내
아름다움 선사해 주고

여름엔
나뭇잎 짙푸르게 잘도 피워내

녹색 쉼터 만들어
지친 몸 편히 쉬게 해 주고

가을엔
갈색, 주황, 빨간 옷 입혀
조화롭게 손질하여
노래하게 만드네

겨울엔
펑펑 쏟아 부은 눈으로
하얀 꽃 피어내
가슴 설레이게 해 주는
관악산
영원한 친구
우리의 쉼터
마음의 고향이어라.

산불

오늘도 산불
여기저기 났다
오랜 동안 자연이 품어온
수많은 생명들

아름드리 큰 나무
작은 생명까지
모두 다 허망하게
태워 버렸네

매캐한 연기 연신 품어내며
성난 듯이 삼키네
단번에 삼켰네
황량하게 타 버린
텅 빈터에
타다 남은 검은 나무

유령처럼 서 있고

생명의 노랫소리도
조금만 조심했다면
조금만 생각했다면
이렇게 많은 생명
이렇게 큰 상처
남기지 않았을 텐데.

황사

뽀얀 먼지
온통 모든 걸 삼켜
해님마저 숨겼다

해마다
봄이면 찾아오는
불청객 황사

중국의 넓고 넓은 데서 모래사막
북녘을 타고 멀리 멀리 날아
찾아오는 불청객
지구의 속살 깎아 내어서
바람에 실려 온다네
뽀얀 먼지 구름
만들면서

나무를 심어야지
나무를 심어야지
그래서 누런 바람
지구의 몸살을 막아야지
아! 황사.

제 2 장

신 앙

새 빛 찾아

예전에 숨쉬고 먹고 자고
튼튼한 팔다리 눈, 귀, 코, 입 내 육신의 모든 것
자유롭게 쓸 수 있는 것
얼마나 복되고 감사한 일인지
하느님의 큰 은총인 줄 정말 몰랐네

예전 내 모습은 하느님의 실패작
채울 수 없는 텅 빈 가슴
근심, 걱정, 불안, 불평 얼굴에 가득 찼네
온 몸에 가득 채워 무거운 짐 짊어지고
큰소리에 빠져
작은 실수에 좌절하고 고통받아 몸부림쳤다네

태어났음을 미워했고
매서운 눈초리로 세상을 바라보며 살았지
이제 그만 훌훌 벗어 버리고 싶어

암흑 속에서 새 빛 찾아
탈출해야 해 벗어나야 해

어디선가 들리는 그분의 목소리
넌 하느님 사랑 잔뜩 받고 태어난
하느님의 딸
귀하디 귀한 나의 딸
소피아!

깊은 겸손, 온전한 순명, 천사 같은 부드러움
끊임없는 기도, 티없는 순결, 천상의 지혜
온전히 갖추신 성모님 바라보며
하느님께 대한 사랑을 갖고자 열망하며 살아가야 해
그래야 난 하느님의 진정한 딸이 되는 거야.

자애로우시고 아름다운 성모님

당신의 거룩한 깃발 아래
저희 사랑하올 어머니 군대로서
한 마음 한 뜻으로 굳게 뭉쳤습니다
지금은 비록 보잘것없는 무명의 용사들이지만
저희에게 번뜩이는 지혜의 샘 솟아나게 하시어
미움이 있는 곳 달려가
그곳에 사랑의 샘물 솟아나게 하소서

사랑하올 어머니
저희에게 용기의 샘 솟아나게 하시어
다툼이 있는 곳 달려가
그 곳에 화해의 웃음 솟아나게 하소서

사랑하올 어머니
저희에게 깊은 믿음 샘 솟아나게 하시어
의혹과 불안이 있는 곳 달려가

하느님의 거룩한 진리의 말씀 솟아나게 하소서

사랑하올 어머니
당신의 거룩하신 깃발 아래
진리, 희망, 기쁨, 사랑의 빛
전하는 거룩한 군대 되게 하시어
평화의 빛 온 세상에 햇살 되어 펴지게 하소서

사랑하올 어머니
당신께 대한 사랑을 통하여
세상 모든 이의 길이요, 진리요, 생명이신 성자
우리 주 예수님, 당신 아드님의 나라를
널리 알릴 수 있는 능력을 주시어
저희를 힘차게 힘차게 달려가게 하소서.

아름다운 삶 살아가게 하소서

성모님 앞에 꿇어
두 손 모아 드리는 기도
내 소망 모두 이루어지게 하소서
간절한 마음으로 기도 드리옵니다

어둠 밝혀 주는 삶의 흔적을
정결한 흰눈처럼
깨끗이 씻어 주시라고

거룩한 성체 이 몸 모시었으니
더럽히지 않게 정결한 마음으로
살아가게 해 주시라고

나를 위해 가시관에 찔려
흘리신 아버지의 붉은 피 생각하며
정결한 마음으로 살아가게 해 주시라고

붉게 타오르는 저녁노을처럼
내 인생 아름답게 마무리짓도록 해 주시라고
참회의 눈물 쏟으며 성모님 앞에
꿇어 기도 드립니다

주님! 어리석고 못난 이 몸 꼭 붙잡아 주시옵소서
주님 보시기에 아름다운 삶 살아가게 하소서.

충만한 기쁨

나는 늘 모자랍니다
힘이 없습니다
믿음이 없습니다
항상 두렵습니다

그래서
괜찮으시다면
당신의 손 살며시
내밀어 주세요, 네

숨쉴 수 있다는 것
볼 수 있다는 것
먹을 수 있다는 것
걸을 수 있다는 것
모두 내게 받은 은총이란다
그분께서 살며시 일러 줍니다

내 맘에 안 든다고
미워하고 불평하지 말고
고마운 것만 기억하고
사랑한 일만 떠올리고
작은 일에도 감사해야 합니다

작은, 아름다운 일에 감동하고
남의 탓 하기 전에
내 잘못을 깨달아
변명만 늘어놓은 건
남의 마음 상하지 않고
입으로만 사랑한다기보다
실제로 사랑해야지

감사합니다
오늘 당신께서 일러 주신 말씀
깨달음되어
기쁩니다
행복합니다
충만합니다.

삶의 뒤안길 돌아보며 큰죄에 빠졌네

알지도 못하면서
내 생각으로 판단해 지은 죄
내 마음에 안 든다고
미워하고 불평하는 죄
내 잘못을 깨닫지 못하고
남의 탓만 하는 죄
남에게 상처 입히고
변명만 늘어놓은 죄
말로만 사랑 부르고
사랑 실천 못 하는 죄

많은 죄 속에서
죄의 올가미에 묶여
두려움 없이 살았네
너무 끔찍해
너무 무서워

앞으론
고마웠던 일만 기억하고
사랑한 것만 기억하고
작은 일에도 감사하고, 감동하고
포근한 가슴
바다보다 넓은 가슴 만들자
포근한 마음으로 가슴으로
사랑 품어 살도록 하자.

정결한 삶 살아가게 하소서

성모님 앞에 꿇어
두 손 모아 드리는 기도
제 소망 모두 이루어지게 하소서
간절한 마음으로 기도 드리옵니다

어둠 밝혀 주는 촛불 보면서
하염없이 흐르는 눈물
잘못 살아온 삶의 흔적을
정결한 흰눈처럼 깨끗이 씻어 주시라고

거룩한 성체 이 몸에 모시었으니
더럽히지 않게 정결한 마음으로
살아가게 해 주시라고
우리 위해 가시관 찔려 흘리신 아버지의 붉은 피 생각하며
정결한 마음으로 살아가게 해 주시라고

붉게 타오르는 저녁노을처럼
내 인생 아름답게 마무리짓도록 해 주시라고
주님 보시기에 아름다운 삶
주님! 어리석은 저를 꼭 붙잡아 주시옵소서

참회의 눈물 흘리며
성모님 앞에 무릎 꿇어
기도 드립니다.

고마운 이웃들

오늘 미사 시간 중
갑자기 다가온 큰 고통
숨쉴 수 없는 아픔
어지러움
갑자기 식은땀이
죽죽 흘렀다

너무너무 고통스러워
그 자리에 주저앉아
버렸다
한가운데 자리, 나는 어떡하나
걱정했는데 살며시 말없이
일어서 주는 고마운 분들

옆에 앉은
천사 같은 레지나
나를 꼭 부축해
자리에 눕히고

찬물 떠 먹여 주고
근심어린 얼굴로 내려다보았지

그 눈길
하도 고마워 그만 됐다 해도
마음 놓이지 않아서인지
사무실 직원에게
부탁하고 또 부탁해 놓고
미사 참여하러 가는
뒷모습이
너무 아름다워, 너무 고마워
눈물이 돌았다
핑 돌았다

모두 아름답고
모두 고맙고
내 주위 모든
사람들이 너무 고맙다.

그리운 분, 김수환 스테파노 추기경님

삶이 힘들어도
용기를 잃지 마세요
마지막 인사말
고마웠습니다
서로를 사랑하세요
시간이 흐를수록 그리워지는
당신의 웃음
당신의 미소

한없이 부족하고 부족한 것들
당신의 넓은 가슴으로
마음으로 감싸 껴안고
울어 주고
같이 웃어 주고
기도해 주시고
오직 당신 한 몸 다 태우시고
떠나신 분

우리 시대의 큰 스승님
크나 크신 성자님
시간이 흐를수록
당신의 한없는 사랑이
왜 이토록 그립습니까

언제나 낮은 곳, 낮은 곳에서
조용조용 사랑 전하시고
불의 있는 곳엔
칼날같이 엄격하셨던
당신의 삶

마지막 긴 이별길에도
모든 것 내놓으신 당신
진정 당신의 모습이
왜 이렇게 눈물겹게
그리워지고 아름다워 보입니까.

오! 이태석 신부님

작렬하는 태양
우리들로는
움직이고 숨쉬는 것조차도
힘들다는 곳

오직 굶주린 병마
전쟁만이 가득한 암흑의 세상
신들도 외면한
처참한 슬픈 곳
산자들의 고통이
죽은 자들보다
차라리 더 불행한 곳

오! 이태석 신부님
당신은 홀연히
모든 걸 버리고

한 줄기의 빛 되어
밝은 빛 안고

그들을 찾아
어린아이 같은 천진난만한 미소로
그들의 위로가 되고
삶 되어 끝없는 희생으로
그들 가슴에
희망 심고 큰 꿈 키워
잃어버린 웃음 웃게 해 주신 분

같이 기뻐하며
같이 아파해 주신 분
당신 한 몸 훨훨
불꽃으로 태워
끝없는 사랑 베푸신

당신의 모습에서
한 번도 본 적 없는
예수님을 보았습니다
하느님을 보았습니다

잘 울지 않는다는
톤즈 그곳의 사람들
영영 볼 수 없는 당신 생각에
눈물 쏟는 그들의 모습에서
당신은 분명한
하느님의 크신 사랑
예수님 사랑 실천하신
거룩한 삶 살고 가신
우리 시대의 성자이셨습니다.

새해의 소망

1월 1일 새해 맞는다고
섣달 그믐밤 잠도 설치고
종로 보신각 타종 소리 듣고
카운트다운 5, 4, 3, 2, 1, 0
드디어 신묘년 토끼띠 새해

올해는 좀더 새로워지자
희망 가득한 설레임으로
새해 새소망 이루어지자
기도로 시작된 새해가 바로 엊그제 같은데
지금 달력 보니 3월 28일 오늘

그러니까 29, 30, 31
이제 3월도 3일 남았네
세월은 휙휙 줄달음치듯
미끄러져 멀리 멀리 떠나가네

올해 토끼띠
제발 온 세상이 평화롭고
아름다운 세상 되게
온 세상 행복하게 살게 해 주시라고
정성껏 기도 드렸었는데
새해의 소망이었는데

세상은 온통 울부짖음으로 가득 찼네
고통으로 가득 찼네
아아. 하느님 제발
평화롭게 해 주소서
평화를 주소서.

제 3 장

나라 사랑

독도, 아름다운 대한민국의 섬

우리나라 동쪽 끝에
몇 개의 바위섬
동도, 서도
두 개의 조그마한 섬

수천 년 한데 어울려
독도라 이름 붙였네
넘실대는 푸른 물결
하얀 파도 부서지는
눈부시게 아름다움
품에 안고
온갖 생명 가꾸고
이름 모를 새들의 쉼터
놀이터, 보금자리

사시사철
불어대는 모진 바람
거센 파도 다독이며
꿋꿋이 지켜온
대한민국의 자랑스러운 영토

독도는 한국령이다
이름표 붙이고
태극기도 기뻐
춤추고 펄럭이는 땅
천지개벽 두 번 쳐도
독도는 틀림없는 우리 땅이라는
대통령 말씀

뻔한 사실
뻔한 진실
너무 확실해
치욕스런 지난 상처
채 아물지도 않았는데

이웃 나라 일본은
자기네 영토라고
마구 마구 우기는데
거짓을 진실로
왜곡된 역사로
한민족의 가슴에
또 한 번 돌을 던져
멍들게 하고 있다

저들의 뻔뻔함
저들의 검은 속셈
어처구니없네
너무 얄밉네
독도는 함부로 넘볼 수 없는
성스런 우리의 조국
자랑스런 우리의 땅
아름다운 대한민국의 섬.

우리 문화재 돌아온 날

시커먼 손으로
약탈해 간 우리 문화재
거친 구둣발로 마구 짓밟고
귀하고 귀하신
우리 선조님들의 유품들
조선왕실 활짝 핀 문화의 꽃들이
머나먼 낯선 타향에서
눈물로 한숨으로
긴긴 타향살이 어언 145년

아파서 아파서 너무 아파서
시커멓게 탄 세월을 뒤로 하고
조국의 땅, 조국의 품으로
돌아왔는데
영원한 반환이 아니라
대여 조건이라니

어처구니없고 가슴 아프지만
선조들의 숨결이 깃든
외장각 도서 들어온 날

온 국민 환희의 박수가
터져 나왔다
모두 기쁜 얼굴로
힘찬 박수 보냈다
다시는 이런 일
이 수치스러운 일 없어야 해
정치인들 국민
내 탓이오 내 탓이오
깊이 반성해 다시는 이런 일 없게 해야 해.

국립묘지

아! 동작동
국립묘지 현충원
성스러운 이곳
젊은 그대들
장한 이름 새겨진 묘비
줄지어 서 있는 곳
영원히 잠든 넋들이여
슬픈 영혼들이여

그대들이
지켜 준 조국의
눈부신 발전은
오직 그대들이
흘린 값진 고귀한
핏방울이었음을
우리는 깨닫습니다

그대들이 누리지 못한 몫까지
이 풍요로움 속에서
멋모르고 살며
그대들 까맣게
잊은 시간들이
참으로 많았습니다

미안합니다
죄송합니다
이 우매함 용서를 빕니다
오! 오!
붉은 피, 꽃잎처럼
조국 땅에 뿌린 그대들의 큰 희생
우리 지금 이렇게
살고 있다는 것 잊지 않겠습니다
잊지 않고 살겠습니다.

천안함 사고 1년

조국의 바다를 수호하려고
조국의 젊은 아들들이
나라의 부름 속에 그들은 모였다
힘차게 외치며 우렁찬 함성에 맞춰
고된 훈련도 오직 사명감 하나로
사나운 물결 모든 고난 세워 이겼다

그러나 어느 날
칠흙 같은 어둠 속에서
꽃봉오리 아름다운 청춘 앗아간
악마들의 큰 웃음소리에 온 국민은 소스라치게 놀랐다

씩씩하고 아름다운 청년들
저마다 가슴 속 간직한 갖가지 사연들
그렇게 장하였고 눈물 나게 슬펐는지!
그대들은 왜 말을 하지 않는가?

46인의 꽃봉오리 삼킨
서해의 거친 물결
빨갛다, 빨갛다 못해
붉은 핏방울 토하듯
애타게 불러보는 그대들의 이름들
왜 말이 없는가

사랑스런 가족들 부모님들의 애타는 절규가
사라지지 않은 채 1년이 훌쩍 지났지만
아물지 않은 상처, 무뎌지지 않은 슬픔 속에서
어떤 아버지는 꿈에도 나타나지 않는다고
이제는 사랑스런 아들을 '죽일놈'이라는 그 표현에
이렇게 눈시울이 붉어지고 가슴이 또 아픈가

그대들이 지키던 조국의 바다
이제는 남은 자들의 몫이니 부디 부디 편히 잠드소서
꽃다운 청춘 피워 보지 못한 채 떠난 그대들
부디 부디 편히 쉬소서, 편히 쉬소서.

백제의 땅

부여
그 옛이름 사비
사비는 새벽의 땅, 밝음의 땅
찬란했던 백제 문화의 꽃 피웠다네
궁예 땅 너른 들에
논도 많고, 밭도 많구나
그래서 풍요롭게, 평화롭게
착하게 살았다

그러나
잃어버린 왕국
빼앗겼던 왕국
그래서 슬픈 왕국

깎아지른 절벽 위
자리잡은 고란사

삼천 궁녀 꽃잎되어
한 잎 두 잎 그날
떨어졌다던 슬펐던 그날
아는지 모르는지, 지난 까마득한 옛날

무심히 흐르는
백마강은 말이 없고
찾아온 나그네
마음 숙연해 고개 숙였네
잃어버린 왕국 그리워하는 백성들
구슬픈 노랫가락 속에
백마강, 고란사 종소리
백제 영웅의 아픈 역사 있구나.

단종 임금님

조선조 6대 임금
나이 어린 단종 임금님
왕자님 낳으시고 3일 만에
어머니 떠나시고
아버지는 집현전 학사들께
세자를 부탁한다
유언 남기시고
두 분 다 일찍
왕자님을 떠나셨군요

왕자님, 왕자님
비운의 왕자님
슬픈 왕자님
12살 어린 나이에
왕위에 오르셨네
의젓하고 고운

소년 임금님

열다섯 살 꽃다운 신부
정순왕후 부부의 연 맺어
숨 막힌 슬픔 벗어나려 했더니
행복 꿈꾸려 했더니
무서운 작은 숙부
수양대군 끝없는 욕심에
임금자리 내놓고
사랑하는 이들과 생이별 당하고
외롭고 외로운 깊은 산골
이곳 청령포에 갇혀 살게 되었다네

슬프고 외롭고 그리운 마음을
자규시란 슬픈시로
마음 쏟아 내

얼마나 슬퍼했는지
얼마나 아파했는지
너무 안타까워 너무 슬퍼

꽃봉오리 17세 짧은 인생
피어 보지 못한 채
그렇게 슬프게 가셨지만
장릉이란 영원한 안식처
노송들이 우거진
아름다운 이곳에서
수많은 사람들이
지금도 애통해하는 이들
보시고
고히 잠드소서.

일본을 강타한 대재앙을 보면서

난데없는 큰 소용돌이 휘몰아치며
집채 같은 파도더미
으르렁 으르렁
삼킬 듯 달려오는 시커먼 악마들의
함성이 모든 걸 삼켰다
한순간에 삼키고, 삼키고
또 삼키며 눈 깜짝할 순간에
비명 한 번 지르지 못한 채
삶과 죽음의 갈림길에서
하염없이, 하염없이 모든 걸 포기하고
모든 걸 다 내 주었다

그렇지만 남은 자들은
희망의 끈 놓을 수 없어
보고픈 이들의 이름만 불러 본다
흔적조차 없이 사라진 텅 빈 마을에서

기적 같은 삶의 생환길 열어 달라고
시커멓게 타들어간 가슴 속에서
눈물도 말라 버린 가슴 속에서
되뇌이고 되뇌어보지만
사랑하는 이들은 대답 없이
휑 뚫린 공간에서 슬픔만이
바람결에 맴돌 뿐

어지럽게 널부러진 폐허 속에
행복했던 지난날 생각하면 가슴 메어질
남은 자들의 모습에서
자연의 무서운 위력에 속수무책인
보잘것없는 인간들의 초라한 모습에서
설움이 복받치는 우리 모두의 모습들이다.

그들은 소리치지 않고 허둥대지 않았다

대지진 쓰나미 원자력 누출 사고
큰 재앙을 맞은 이웃 나라 일본
수많은 인명과 재산 피해
고통스럽고 참혹한 일을 당해도
그들은 묵묵히 참으로 차분하고 침착하였다

고통스런 참혹한 현장에서도
목놓아 울부짖는 이도 없고
그저 조용히 눈물만 흐느낄 뿐
인간으로서 저럴 수 있을까
섬뜩한 생각마저 든다

보았지요
누구 한 사람 자기만 살겠다고
허둥대는 이 없고 어디에서나 말없이 조용히
긴 줄 늘어선 그들, 잠시 동안이 아니라

하루종일이라도 밀치지 않고
끼어들지도 않은 채
그저 묵묵히
자기보다 남을 배려하는
그들의 모습

사재기, 싹쓸이 아예 없고
꼭 자기에게 필요한 몇 가지만
사들고 나오는 그들의 모습
아름답습니다
빈 상점에 들어가 남의 물건
손대는 사람 없고 그저 묵묵히
정유소, 버스 정류장, 비행장, 마트
어디로 가도 허둥대지 않고
그저 묵묵히 기다리는 그들이
참 아름답습니다

우리들의 모습을 한 번 돌아봅시다.
이리 뛰고 저리 뛰고 허둥대고
자기에게 필요 없다고, 아무데나 버리고
슬픈 일을 당하면 울부짖고 땅을 치며
통곡하다 말고 정신 잃고 쓰러지고
물건값 오른다고 사재기, 싹쓸이
그렇게 해 보아야
부자되지 않고 달라질 것 없는 데 말입니다

창피하고 부끄럽군요
우리도 고쳐야 합니다. 본받아야 합니다
이를 갈고 미워했던 이웃 나라 일이지만
좋은 점은 받아들여야 합니다
반성의 계기로 삼아야 합니다
그래야만 일본보다
앞선 나라가 됩니다.

전쟁

지금 중동 지방 리비아에서
전쟁이 일어나 난리입니다
총부리를 서로의 가슴에 겨누고
죽이고 또 죽이고
파괴하고 또 파괴하고

40여 년 긴 세월
독재자들의 최후의 발악들
죽을 때까지 권세 휘두르겠다고
자식 대대로 물려 주겠다고
하늘도 무섭지 않나 봅니다
두렵지도 않나 봅니다

참다 참다 못한 민중이 일어났습니다
맨손으로 맨손으로
1960년대 우리 학생 운동처럼 말입니다

최후엔 정의가 이기는 법
하늘의 이치, 진리입니다
하루 빨리 피비린내 나는
전쟁놀음 끝났으면 합니다

모든 사람들이 자유롭게
살 수 있는 민주주의가
활짝 핀 그런 세상이
그곳에 찾아와서
모두 다 행복했으면 합니다
하느님 도와 주십시오
선량한 그 백성을 지켜 주세요.

제 4 장

옛 추억

가족

가족이란 무엇입니까
한 핏줄로 얽혀 놓은
떼어낼 수 없는
운명의 끈으로 묶여진 울타리 아닙니까

그런데 왜 소중하지 않겠습니까
소중하고 소중하지요
가족 중 한 사람이 잘못되거나
병들면 내 가슴이 너무 아프고
힘들지요
그게 가족의 끈끈한 정인가 봅니다

그런데
왜 또 가족들에게는
함부로 대하는지요
생각해 보지도 않고 이야기하며

상처받게 하고, 화나게 하고, 슬프게 하고
아무렇지 않게 생각하고
그냥 너무 가까워서
화풀이해도 된다는 식으로 말하기도

사랑해야 합니다
가까울수록
더욱 조심해야 합니다
상처 줄 말
아무렇게나 편할 대로 해서는
더욱 안 될 것 같습니다
세상에서 가장 소중한 사랑스런
내 가족들이니까요.

우리 둘이서

햇빛 쏟아지는 밝은 날
고운 자줏빛 목련화
수줍게 웃음 띤

화려한 봄날
천생연분
서로 만나
일생을 시작했다

꽃다운 청춘의
아름다움으로
모두의 부러움으로
서로 토닥거리며
다독이며
따사로운 봄 햇살처럼
밝게, 넉넉하게, 아름답게
꿈결같이 지냈다

하지만
천둥, 뇌성벽력 같은
고통도, 슬픔도, 아픔도
두 손 꼭 붙잡아
살아온 세월들
견디어 온 세월들
이제는 서로의 얼굴 보면서
세월의 지난 흔적
너무 깊어
서글프고 아프다

앞으로 남은 날
얼마나 될지 몰라도
아름답게 아름답게
마무리 짓자고
우리 둘은
서로에게 말해 봅니다.

아침 운동

겨우내 깊은 잠 푹 빠졌네
긴긴 겨울잠 오늘 깨었네
어두컴컴한 이른 새벽
서늘한 새벽길 새벽 공기 가르며
두 볼 스치는 서늘한 기운 떨치고
오르막 내리막 오르고 내리고
온 몸이 활기차게
기분도 상쾌해졌네

하나 둘 셋 넷 구령도 씩씩하게
맨손 체조 시작, 숨쉬기!
가벼운 운동부터
점점 격동적인 몸놀림
마지막 가벼운 운동으로
마무리해 주면

온 몸이 후끈 달아오르고
송송 빚어나온 땀방울
상쾌한 아침 공기
상큼한 새싹 내음 마음껏 마셔 보자

아~아. 하늘 향해 큰소리 지르고 나면
오늘 하루도 건강한 몸으로
활기찬 하루 생활 문제없어.

옛날

이미 지난 날들이
셀 수 조차 힘든
많은 날들이
내 곁을 스쳐 지나갔군요

잊을 수 없는 일들
하나 둘 생각해 보면
나에게도
꿈결 같은 행복
그리움이 사무치도록
좋은 날들도 더러 있군요

그리움되어 슬픔되어 기쁨되어
가슴 한 켠 자리잡아
되돌릴 수 없는
아쉬움만 가득

어리석어 손해 보고
뜻대로 되지 않아
상처 받고
좋은 날 좋은 일로
활짝 웃음 생각나고

그런 대로 평생
묵묵히 지내온
옛날들이 훌쩍
셀 수도 없는 많은 날들이
이렇게 이렇게
지나가 옛날이 되었지요
오늘 하루도 옛날되어
쌓이겠지요
그게 바로 인생의
길인가 봅니다.

사범 학교

첫 직장 졸업하고 갓 스므 남짓, 햇병아리입니다.

여수 시내에서 버스로 십여분 거리, 미평이란 마을 빠져 나가 조그만 산 둔덕재를 돌아내려 조금 달리다 보면 바로 석창이라는 마을에 닿습니다. 거기서 조금 내려가면 신작로 왼편에 아담하고 예쁜 학교 건물이 있습니다.

그곳이 바로 내가 처음 시작한 직장 여천 초등 학교, 뒤로는 야트막한 굽이 있고 그 뒤로 밭이 있습니다.

앞으로는 넓은 논이 펼쳐져 있고 그곳에는 조그만 시냇물도 있어 참 살기 좋은 아늑한 농촌 마을이 옹기종기 모여 있는 곳입니다.

첫 발령지에 동창 셋이 함께 발령받아서 너무 좋았습니다. 서로 의지가 되어서 두려울 것도 없고 떨릴 것도 없고 그저 그저 웃음만 나오고 당당하기만 한 새내기 선생이었습니다. 학교의 규모는 열두 학급 정도, 선배들도 모두 나이 들어 보이고, 교장, 교감 선생님 두 분, 양호교실까지 합쳐 직원 수라야 겨우 열대여섯 명 정도였습니다.

기혼자들은 일곱 명 정도 그 외는 모두 총각, 처녀 선생님들, 젊고 발랄하고 패기 넘치고 정말 가족 같은 참 좋은 분들과 함께 근무하게 되었습니다. 그래서 그 학교가 너무 좋았습니다.
1년이 꿈같이 흘렀습니다.
시간 끝내고 선배들이 복숭아밭, 딸기밭, 수학여행갈 때도 꼭 우리와 같이 다녔습니다.
그때는 멋도 모르고 그저 재미있고 즐거웠습니다. 아무런 일도 없이 그저 순수하게 살아가는 법을 배웠는데, 교감 선생님이 그걸 곱게 보지 않고 우리에게 훈계 한마디 건내시지 않고, 교육청에 나쁜 의미로 고발하여 우리 세 동창을 일 년만에 각기 다른 학교로 발령내었습니다. 지금 생각해 보니 참 쓴웃음이 납니다. 또 억울했습니다.

친구 둘은 교통편 좋은 학교로 발령되고, 나는 좀 그보다 교통이 불편하고 집에서 먼 초등 학교로 발령이 났습니다. 서로 각각 떨어지고 나니 너무 허무하고 가슴이 아팠습니다. 그래도 그곳에 가서 열심히 근무하였습니다.
아이들 열심히 가르치고 연구 수업도 수업 준비를 충실히 하여 칭찬받고, 아이들 질서도 잘 잡고 가르친다고 얼마나 칭찬 들었는지 모릅니다. 내 젊은 시절을 이렇게 보냈습니다. 두 번째 학교는 이렇게 보냈습니다.

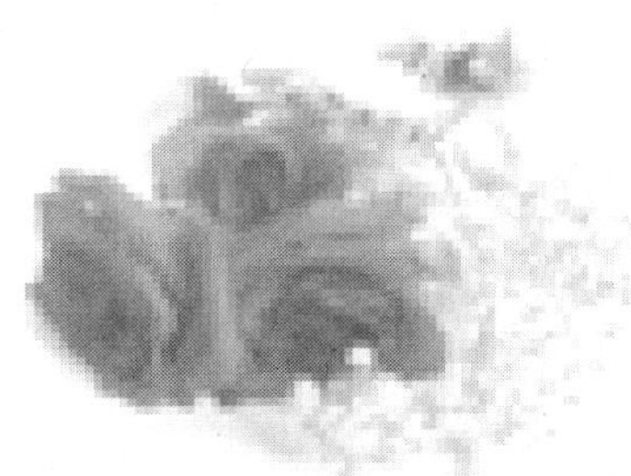

빨간 운동화

초등 학교 입학식 때 신고 가라고
빨간 운동화 한 켤레 사오셨지요
그것도 멀리 서울까지 가셔서

너무 너무 좋아서 품 안에 안고
자다가도 일어나 신어 보고 또 신어 보고
잠도 제대로 이루지 못했지요

언니들은 화를 내며 말했지요
엄마는 재만 예뻐한다고
자기들은 뭐 주어 온 아이들이냐고

입학날 하루 신고 갔다 와서
먼지 털고 물걸레로 닦고
닳아진다고 신지 않고 꼭꼭 숨겨 두고

학교 갔다 와서 한 번 꺼내 보고
신어 보고 또다시 넣어 두고
그런 후에 6 · 25 전쟁이 터졌어요
정신없이 새벽 피난길 나섰지요
한참 걷다 산모퉁이길 돌아가다가
집에 두고 온 빨간 운동화 자꾸자꾸 떠올라
나도 모르게 기운을 잃고 스르르 쓰러졌어요

한참 만에 살며시 눈 떠 보니
주위에서 "이제 살았네"
하는 소리가 어렴풋이 들렸어요
그래도 거기엔 내 빨간 운동화가 보이지 않았어요.

추억의 옛길

그 옛날, 옛날
내 나이 스무 살 남짓 한창일 때
꽃다운 나이에
친구와 도란도란 얘기 나누며
깔깔대고 유쾌하게 걸어가던 길

사방천지 일렁이는 보리밭, 밀밭
그 사이로 한 줄기 포장되지 않은 길
뽀얀 먼지, 자갈들 굴러 다녀도
정다운 친구 옆에 있어
심심하지 않았고 지루하지 않으며
너무 좋았지

그래서 어느새 십 리라는 거리
금새 걸었지
걷다 보면 종달새 노래 불러 주고
제비도 지지배배 친구해 주고
동네 머슴아들의 휘리릭 휘리릭
불어 주는 휘파람 소리도
정답게 정답게 들렸었지

지금 그곳 다시 가 보니
지도가 바뀐 듯
도무지 알아볼 수 없고
무거운 시멘트로
건물만 빼곡히 빼곡히 채워져 있네
아, 보고 싶다
그때의 그 파란
그때의 그 들판이 들판이.

영원으로 떠난 내 친구

내 친구들 중 잊을 수 없는 친구
같은 동네에서 자랐지만 서로 모른 채
중학교는 서로 달라 또 몰랐고
사범 학교 들어가서 알게 된 내 친구

자그마한 키에 하얀 피부
상냥한 미소가 흐르는
예쁜 얼굴
인사성 바르고 사람 보면 반가워하는
착하디착한 마음씨 고운 내 친구

여행 중에 슬픈 소식 느닷없이
정말 같지 않아서
믿어지지 않아서
슬프지도 않았고
가슴만 칠 뿐, 멍멍해질 뿐

그렇지만 시간이 지날수록
슬픔이 밀려옵니다.
눈물이 되고
한없이 보고 싶고
그리워지는 친구

그토록 아팠다던데
죽도록 아팠다던데
연락 한 번 안 하고 그냥 떠난
무정한 친구야
비 오는 날 우울하고 쓸쓸할 때
네 모습이 떠오르고 너무 슬퍼

편히 쉬거라
그렇게 좋아하던 하느님 곁에서
행복하게 지내라

내 친구 춘자야
널 위한 기도 한 번 드릴 시간도 주지 않고
이렇게 떠나면 어떡하니
이렇게 비 오고 흐린 날
더더욱 보고 싶어 더 슬퍼져.

아버지

나의 사랑하는 아버지
다정하고 잔잔하신 미소 띄우며
다독거려 주신 당신의 큰 사랑
한없이 그립습니다

보일 듯 말 듯
다정한 미소로 미안하다, 사랑한다
무언의 표정으로 가슴 아파하시면서
저희들 품어 주시던 큰 사랑
쏟으신 바로 당신의 모습이셨습니다

세상 누구에게나 친절하셨고
항상 겸손하셨던 성자같이
거룩하게 아름답게 사셨던 분
바로 당신의 인격이셨습니다

당신의 손에 가진 것 아낌없이

다 내놓으시고 항상 가난하고
불쌍한 편에 서신 당신 일생
그토록 아름답게 사셨던 분
바로 당신의 모습이셨습니다

아버지의 그 뜻 그 삶
사랑했습니다 존경스러웠습니다
자랑스러웠습니다

세상 어디에서 누구에게도
찾아볼 수 없는
당신의 그 아름다웠던 삶

아버지
나이 들수록, 날이 갈수록
왜 이리 그리워집니까
뼈에 사무치도록
보고 싶어집니까.

어머니

어머니 당신 생각에
왜 이렇게 가슴이 저리도록
아프고 눈물 납니까
일제 탄압기, 6 · 25전쟁
수난기의 배고팠던 그 시절

우리 칠남매 먹이고, 입히고
교육시키느라
허리 한 번 못 펴신
당신 모습
손발톱 다 닳으신
당신의 모습
왜 그땐 몰랐을까요
당신의 그 크신 사랑
당신의 그 크신 희생

그래서 더 눈물나고
서러운지 모르겠군요
당신 떠나가신 지 어언 30년
잊을 만큼 긴 세월이 흘렀지만
더더욱 당신 생각에
가슴 아프고 가슴 떨리고
어머니란 이름만 들어도, 불러도
눈물 나고 가슴 찡하고
서럽고 아파요
당신 생각에.

이별

이별이란
만났다 헤어짐
운명의 숙명적인 일
천 년 만 년 이대로
이대로 살 줄 알았는데
잠깐인 이별도
서운할 때가 있는데
서러울 때가 있는데
가슴 찡하고 눈물 나는데
영영이란 이별은
가슴 터질 듯 아픕니다

세상이 깜깜합니다
무너질 것 같습니다
눈물 짓무르도록
아파야 하는 슬픈 이별들

인생은 긴긴 이별을 준비하려고
조그만 이별들을 연습하면서
사나 봅니다

우리는 서로들
이별하려고들
이렇게 이렇게
만났나 봅니다.

희망이라는 태명으로

이 세상
첫울음 응애…
그 토록 애타게 기다려 온
우리 가족들에게
말할 수 없는 희망과 사랑으로
뜨겁게 뜨겁게
가슴 뜨겁게 한
우리 희망이

이제
승연이라는 이름으로
세상 험한 파고
넘고 넘어
씩씩하게 건강하게
아름답게 지혜롭게
살아가길 두 손 모아 빌며

이 세상
가장 귀한 보화보다
더 귀한 우리 승연이
첫돌 맞아 축하한다
사랑한다 승연아!

– 2016년 10월 2일 할머니가

제 5 장

기 타

어머니께 바치는 글

큰아들

우리 어머니는 평생을 오로지 가족을 위해 모든 것을 바치고 가셨습니다. 그리고 자식들에게 영원히 남아 있을 네 가지의 위대한 유산을 남기셨습니다.

첫째 유산은 희생 정신입니다.
어머니께서는 본인의 행복과 편안은 언제나 뒷전으로 하시고, 자식을 위해서라면 언제든지 불구덩이라도 뛰어들 마음가짐으로 자신의 모든 것을 희생하셨습니다. 자식의 성공과 행복만이 당신의 행복의 기준이었고, 이를 위해서라면 당신은 어떠한 정신적, 육체적 고통도 달게 받아들이실 준비가 되어 있으셨습니다.

둘째는 근검절약 정신입니다.
어머니께서는 아무리 적은 금액이라도 결코 허투루 쓰시는 일이 없으셨습니다. 불필요한 과소비를 멀리 하셨고, 조금 더 나은 미래를 위해서 항상 저축에 힘쓰셨습니다. 그렇다고 어머니께서는 오로지 맹목적으로 아끼기만 하시지는 않으셨습니다. 아무리 힘든 상황이라도 자식의 교육비는 과감히 투자하셨고, 친척들의 어려움을 외면하지 않으셨습니다.

셋째는 배움에 대한 끝없는 열정입니다.
평생을 초등 학교 교사로서 교육에 헌신하신 어머니께서는 노년에도 배움에 대한 열정이 넘치셨고, 항상 교육의 중요성을 강조하셨습니다. 교육이야말로 가치 있는 삶을 살 수 있게 하고, 이를 통해 사회와 국가에 기여할 수 있다는 것에 대한 투철한 신념을 가진 교육자이셨습니다.

마지막 유산은 인내와 불굴의 의지력입니다.
어머니께서는 한 번 목표를 정하시면 끝까지 관철하시는 인내와 의지력을 가지신 분이셨습니다. 첫 번째 암투병을 하셨던 약 25년 전, 어머니께서는 상상하기 힘든 인내와 불굴의 투지로 엄청난 시련을 견디시고 그 무서운 병을 이겨 내기도 하셨습니다.

이 네 가지의 유산을 물려받은 우리는 그 어느 재벌보다도 더 큰 부자입니다. 어머니의 유산은 영원히 없어지지 않으며, 우리로 하여금 그 어떠한 상황에서도 우리를 일어서게 하고 우리를 더 나은 삶으로 인도할 수 있기 때문입니다.

이러한 막대한 유산을 물려주신 어머니, 당신은 우리의 진정한 영웅입니다.
어머니 사랑합니다. 그리고 죄송합니다.
이젠 세상의 번민을 모두 잊으시고, 하늘 나라에서 편하게 영면하소서.

작은아들

외롭게 살아오신 어머니
따뜻한 말, 손 한 번 못 잡아 준 아들
당신이 병실에 계실 때, 비로소 당신의 손을 잡았습니다.

앙상한 육체로 한 바퀴만 더 돌자던 어머니
삶의 끝자락에서도 당신이 아닌 아들을 위해 살아야 한다는
의지를 느꼈습니다.

앙상한 손길로 얼굴을 어루만지시며 마지막으로 하신 말씀
"우리 아들 힘들지?"

엄마!
자랑스러운 박신자 선생님의 아들이라 행복했습니다.

큰며느리

저의 시어머님인 고인께서는 돌아가시기 전까지 1년여 동안 위암으로 투병 생활을 하셨습니다. 벌써 돌아가신 지 1년이 되었다니 시간이 참 빠르고 믿기지 않습니다. 아직도 어머님 얼굴은 눈에 선하고 우리 자식들 마음에는 여전히 크게 자리 잡고 계십니다. 어머님께서는 젊은 시절 앓으셨던 위암이 재발하여 말할 수 없는 고통과 항암 치료를 견디어 내시면서도 힘든 내색보다는 자식을 걱정하는 마음이 가득하셨습니다.

2018년 3월, 어머님을 보내면서 저희들은 어머님께서 살아오셨던 흔적을 돌이켜보았습니다. 평생 근검절약하시고 타인에 대한 배려와 봉사를 중요하게 생각하셨던 어머님 모습이 저희들에게 귀감이 되었고, 자식에 대한 헌신과 사랑은 잊지 못할 기억으로 남아 있습니다. 살아 계셨을 때는 아무리 편찮으셔도 오래오래 저희 곁을 지켜 주실 것 같은 안일한 생각에 잘 돌봐드리지 못했는데, 너무 일찍 하늘 나라로 가셔서 효도해 드릴 시간이 영원히 사라져 버렸습니다.

첫 추모일을 맞아 저희를 향한 어머님의 사랑에 보답하고자 생전에 남기셨던 시와 수필을 모아 유고집을 출간하였습니다. 저희의 작은 정성을 어머님 영전에 바치며 하늘 나라에서 평안히 잠드시길 기도합니다. 존경하는 어머님, 사랑합니다.

작은며느리

그리운 어머님,
지치고 힘들 때, 언제나 저에게 힘이 되어 주신 어머님께 고마움도 전하지 못해 죄송합니다.
어머님께서 마지막으로 저에게 해 주신 말씀대로, 영서와 희주가 바른 길로 예쁘게 커 갈 수 있도록, 그곳에서 지켜봐 주시고, 늘 함께해 주시기를 바랍니다.
어머님의 빈자리가 얼마나 큰지, 떠나신 뒤에야 알게 되었습니다.
보고 싶습니다.
그립습니다.
그곳에서 편안히 영면하시길 빕니다.

나이아가라 폭포에서 (2008. 8)

〈평설〉

붉은 장미, 그 황홀한 범람의 시학

— 박신자 시인의 시세계

장재훈(시인 · 문학평론가)

1. 단형 서정시의 선연한 아름다움

박신자 시인의 시의 미학은 부군(雲峰, 柳有錫)이 머리글에서 말했던 것처럼 자신과 가족과 교육계와 자연에 가득한 세세생생(世世生生)이며 그 독특한 시적인 아름다움입니다. 따라서 박신자 시인의 시는 절제된 언어의 간결미와 함께 시각적 형태 의식에의 점진적 확대를 보여 줍니다.

길가 양지 바른 곳
고운 노란 옷 차려입고
민들레 한 송이 피었습니다

살랑살랑
불어오는 봄바람에

세수하고 단장하며
상큼한 얼굴 예쁘게 내밀며
날 보고 방긋방긋
해님 보고 방실방실
활짝 활짝 웃었습니다

모진 추위
견디고 찾아왔다고
추운 겨울
이기고 찾아왔다고
반갑다고
방실방실 노랑 웃음
함빡 터트렸습니다.

— 시 〈민들레〉 전문

이 시에서 박신자 시인은 쉽고도 친근한 시어로 자신의 시작(詩作)에 임하는 도덕적 자세나 품격 같은 것을 싱그러운 암시로 나타내 보였습니다.

〈찔레꽃〉, 〈민들레〉, 〈목련화〉, 〈제비꽃 동네〉 등으로 상징되는 민중적 삶의 총체성에 관한 깨달음과 기본적 정서의 표출이 우리로 하여금 보통사람들에 대한 다함없는 연민을 느

끼도록 이끌어 들이게 하는 신비한 흡인력을 박신자 시인의 시는 지니고 있습니다.

첩첩산중 돌고 돌아
쉼 없이 달려온 머나먼 길
청령포 맑은 물 휘몰아
몰아치는 이곳

어린 임금, 슬픈 임금
이곳에서 지냈다네
부귀영화 뒤로 한 채
울며 울며 인적 끊긴
외로운 이곳 찾아왔다네

답답하고 너무 슬퍼
숱한 많은 날
잡아 주지 못했다는
자규시의 슬픈 한 구절

망향대 높은 곳 올라
떠나온 먼 먼

고향 하늘 바라보며
보고 싶은
그리운 이들
너무 보고파

가슴에 퍼런 멍
피눈물 흘리며
울부짖은 슬픈
소년 임금님
아름다운 임금님이
앉아 놀았다는 한 그루의 소나무

관음송아
관음송아
너는 보았다지
너는 들었다지
어린 임금
한 맺힌 슬픈 사연들
《하략》

— 시 〈청령포〉 일부

박신자 시인이 나타내 보였던 서민적 자아확립의 양식은 한 예술인의 창조적 의지가 역사 조건과 현실을 떠나서 이룩될 수 없는 것임을 명백히 보여 주는 시가 많습니다.
위에 인용한 〈청령포〉를 비롯, 〈영월 청풍〉, 〈동강의 비경, 어라연〉, 〈축령산 숲길〉 등의 작품에서는 올곧은 정신의 지표로서 우리 문학사의 금석문에 깊게, 뚜렷하게, 숭고하게 새겨져야 할 것입니다.

2. 자연이 만들어낸 예쁜 작품들

거무튀튀한 얼굴
큼직한 두 바위
서로 기대인 채
친구처럼, 형제처럼
다정히 서 있네

둘 가운데
개나리 한 가족
심겨 놓았네
웬일일까? 웬일일까?

그 틈새에 그 좁은 틈에
오늘 보니
개나리꽃 활짝
예쁜 얼굴 웃음 가득
화사한 샛노란 개나리

검은 바위꽃병에
가득 꽂혔네
자연이 만들어낸
예쁜 작품
너무 예쁘다
너무 화사하다
너무 잘 어울린다.

— 시 〈바위꽃병〉 전문

대부분의 소극적인 시인들은 그들 자신의 문학 세계에 대하여 존재를 방기 상태로 내팽개쳐 두거나, 이로 말미암아 초래되는 존재의 위축, 존재의 답보, 심지어는 존재의 조로(早老) 현상까지도 흔하게 나타내고 있는 것입니다. 그런데 시인 박신자는 이러한 현상들을 쉬우면서도 유연한 몸짓으로 모조리 극복했습니다.

그것도 자기 스스로와의 치열하고도 꾸준한 노력 끝에 극복하였던 것입니다. 바로 이 점이 시인으로서의 박신자의 일차적 우월성이며 부단한 자기 탈각의 시정신이 아닌가 합니다. 박신자 시인은 신춘 문예나 문학지로 등단하지 않고 혼자서 부단한 창조적 열정과 정신 세계가 노후하지 않도록 늘 새로운 모습으로 자신을 끊임없이 물갈이하고, 탈바꿈해 왔음을 〈바위꽃병〉, 〈산불〉, 〈오동도〉, 〈황사〉, 〈장마〉, 〈잿빛 구름이 해님을 꼭꼭 숨겨 둡니다〉 등에서 보여 줍니다.

성모님 앞에 꿇어
두 손 모아 드리는 기도
내 소망 모두 이루어지게 하소서
간절한 마음으로 기도 드리옵니다

어둠 밝혀 주는 삶의 흔적을
정결한 흰눈처럼
깨끗이 씻어 주시라고

거룩한 성체 이 몸 모시었으니
더럽히지 않게 정결한 마음으로
살아가게 해 주시라고

나를 위해 가시관에 찔려
흘리신 아버지의 붉은 피 생각하며
정결한 마음으로 살아가게 해 주시라고

붉게 타오르는 저녁노을처럼
내 인생 아름답게 마무리짓도록 해 주시라고
참회의 눈물 쏟으며 성모님 앞에
꿇어 기도 드립니다

주님! 어리석고 못난 이 몸 꼭 붙잡아 주시옵소서
주님! 보시기에 아름다운 삶 살아가게 하소서.

— 시 〈아름다운 삶 살아가게 하소서〉 전문

박신자 시인의 시 〈아름다운 삶 살아가게 하소서〉를 비롯하여 〈충만한 기쁨〉, 〈고마운 이웃들〉, 〈새빛 찾아〉 등의 신앙시에서는 조작된 기교가 아니라 남의 마음을 착 가라앉히고 평화롭게 이끄는 시정신, 눈물겹도록 찡하게 울리는 풍경을 시작품으로 정확하게 그려내는 것이 매우 힘들다는 것을 시인들은 잘 알고 있습니다. 그런 관점에서 박신자 시인의 시작품을 보면 박 시인이 형상화해 낸 내면 세계에는 맑은 우수에다 정(淨)한 바람이 깃들어 있으며, 또 정열이 울울이 타고 있음을 감지할 수 있습니다. 이것이 박신자 시인의 시심의 맑음을 말해 주고 있습니다.

최근 대한민국의 시작품들이 이질적인 로맨티시즘, 경박한 주지풍의 기교주의, 초현실주의, 다다이즘 또는 실존주의 따위가 마구 흩뿌려대는 치기만만함, 몽롱성, 무책임한 언어 유희에 빠져 있을 때, 박신자 시인은 친근한 소재, 친근한 가닥, 민중적인 정서, 쉽고 따뜻한 언어라는 보편주의의 원리를 조용히, 철저히 지키며 시작품을 빚었던 것입니다.

3. 아름다운 시집

박신자 시인의 유고시집 『붉은 장미』는 한 마디로 아름다운 시집입니다. 내용이 서정적이며 운율이 자연스러워서 아름다운 시집일 수도 있지만, 하늘 나라에 계신 부인을 그리워하는 부군의 머리글이 있고, 큰아들, 작은아들, 큰며느리, 작은며느리의 절절한 글이 있기 때문입니다.

필자가 이 『붉은 장미』의 '제4장 옛 추억' 에 대해 언급하지 않은 것은 필자의 어설픈 해설보다 부군(雲峰, 柳有錫)의 머리글 '뜻밖의 큰 선물' 과 두 아드님과 며느님의 '어머님께 바치는 글' 이 몇십 배, 몇백 배 읽는 독자들의 심금을 울릴 것이

기 때문입니다.
우리들의 문학사에서 한 시인이 조용히 사시다 가셨습니다.
박신자 시인—
이 박 시인은 그의 생존을 누구보다도 알차고 올곧게 그리고 따뜻하게 영위해 간 드물고 훌륭한 시인이셨습니다. 인간과 삶, 인간과 자연, 인간과 종교, 인간과 나라 사랑 등에 관하여 보다 직접적인 애정과 관심을 갖고 쓴 박신자 시인의 진실한 통합은 한국 현대시의 위상을 한 걸음 더 앞으로 나아가게 한 것을 우리 문단에서는 기억해야만 할 것입니다.

이별이란
만났다 헤어짐
운명의 숙명적인 일
천 년 만 년 이대로
이대로 살 줄 알았는데
잠깐만 이별도

서운할 때가 있는데
서러울 때가 있는데
가슴 찡하고 눈물 나는데
영영이란 이별은

가슴 터질 듯 아픕니다

세상이 깜깜합니다
무너질 것 같습니다
눈물 짓무르도록
아파야 하는 슬픈 이별들
인생은 긴긴 이별을 준비하려고
조그만 이별들을 연습하면서
사나 봅니다

우리는 서로들
이별하려고들
이렇게 이렇게
만났나 봅니다.

— 시 〈이별〉 전문

붉은 장미

■

지은이 | 박신자

■

1판 1쇄 발행 2019년 4월 27일

■

펴낸이 | 길명수
펴낸곳 | 배문사
출판등록 1989년 3월 23일, 제10-312호
주소 서울시 서대문구 경기대로 76
전화 (02)393-7997
팩스 (02)313-2788
e-mail pmsa526@empas.com
■

편집 인쇄 삼중문화사

ISBN 89-87643-16-8 (03810)

값 12,000원

* 낙장 및 파본은 교환하여 드립니다.